亲近经典

天天诵读

菊花卷

吴雨 姚金中 黄亮 编

时代出版传媒股份有限公司
安徽少年儿童出版社

图书在版编目(CIP)数据

亲近经典·天天诵读·菊花卷 / 吴雨,黄亮,姚金中编. —合肥:安徽少年儿童出版社,2017.7(2022.1重印)

ISBN 978-7-5397-9020-6

Ⅰ.①亲… Ⅱ.①吴… ②黄… ③姚… Ⅲ.①阅读课 – 小学 – 课外读物 Ⅳ.①G624.233

中国版本图书馆 CIP 数据核字(2016)第 155456 号

QINJIN JINGDIAN TIANTIAN SONGDU JUHUA JUAN

亲近经典·天天诵读·菊花卷　　　　　　　　　　　　　吴雨　姚金中　黄亮 编

出版人:张　堃　　　　　　　　　　　责任编辑:李　华

责任校对:冯劲松　　　　　　　　　　责任印制:田　航

出版发行:时代出版传媒股份有限公司　http://www.press-mart.com

安徽少年儿童出版社　E-mail:ahse1984@163.com

新浪官方微博:http://weibo.com/ahsecbs

(安徽省合肥市翡翠路 1118 号出版传媒广场　邮政编码:230071)

出版部电话:(0551)63533536(办公室)63533533(传真)

(如发现印装质量问题,影响阅读,请与本社出版部联系调换)

印　　制:阳谷毕升印务有限公司

开　　本:710mm×1000mm　　1/16　　印张:8.5　　字数:128 千

版　　次:2017 年 7 月第 1 版　　2022 年 1 月第 3 次印刷

ISBN 978-7-5397-9020-6　　　　　　　　　　　　　定价:25.00 元

编者的话

　　中华传统文化，是中华民族性灵、智慧和才情气概的结晶。历代文人的思想精髓，犹如一颗颗璀璨的明珠，照耀着中华五千年的文明。学习和继承这份文化遗产，不仅能提升我们的语文素养，还能潜移默化地影响我们的情感、趣味、气质、胸襟，激励我们的精神，温润我们的心灵。

　　2014年3月教育部颁布的《完善中华优秀传统文化教育指导纲要》强调，要加强小学生传统文化教育，培育其热爱家乡、热爱生活，热爱祖国河山、历史和文化的品质。对青少年学生加强传统文化知识的启蒙，有利于他们从小打下国学根底，有利于增强其民族自豪感，这对于塑造国民精神、民族品格也有着重要意义。习总书记指出："应该把这些经典嵌在学生脑子里，成为中华民族的基因。"这也是全体教育工作者和文化人的使命。

　　为此，我们组织了一批一线优秀教师精心编写了这套《亲近经典·天天诵读》，目的在于引导学生迈入经典国学的殿堂，让他们深刻地领悟到中华五千年文化的独特魅力。

　　本套书有着鲜明的特色，具体体现在以下几个方面：

　　1.广泛性。本套书在广泛选材的基础上，进行了一次次精心遴选，入选的作品均为符合儿童心性的国学经典。既有《三字经》《弟子规》等传统蒙学读本，也有唐诗、宋词，还有《论语》《孟子》

《老子》等古代经典著作的节选。文本体裁丰富多样，非常适合小学生诵读。

2.适用性。书中选文诵读起来朗朗上口，让学生并不觉得枯燥乏味、晦涩难懂。为了让这些传世经典在学生心目中"活"起来，本套书每一节除原文呈现之外，设置了"注释·链接"和"诵读指导"两个栏目。"注释·链接"是对选文疑难点的简明注释和相关背景知识链接，有助于学生更好地理解原文；"诵读指导"主要帮助学生在理解文意的基础上声情并茂地进行诵读，同时享受到诵读的乐趣。

3.阶梯性。本套书注重把握各年级学生的接受能力与阅读特点，循序渐进、科学合理地安排诵读内容，诵读难度由浅入深，由易到难，为的是孩子们读到他们真正要读并且适合读的作品。建议在老师的指导与家长的督促下，学生们将其作为课外诵读的主要材料，每天诵读一节，持之以恒地坚持下去。

我们希望这套书呈现给青少年学生的是一个丰盈的世界，通过诵读，培养他们良好的语感和阅读习惯；通过诵读，激发他们无穷的想象力和创新精神；通过诵读，使他们拥有开阔的视野和全方位的思维角度。希望这些独放异彩的文字在青少年学生心中生根、发芽，结出丰硕的果实，帮助他们培养出对母语的热爱，并且能够受益终身。

参与本册编写的有吴雨、黄亮、姚金中。

欢迎广大读者对这套书的体例结构、栏目设计、内容提出宝贵意见，以便我们进一步修改、完善。

目 录

第三单元

第四单元

第五单元

第六单元

第七单元

第八单元

第一单元

千里黄云白日曛，
北风吹雁雪纷纷。
莫愁前路无知已，
天下谁人不识君？

别 董 大①

（唐）高 适

千里黄云白日曛②，
北风吹雁雪纷纷。
莫愁前路无知己，
天下谁人不识君？

注释·链接

①董大：指董庭兰，是当时有名的音乐家。因其在兄弟中排名第一，故称"董大"。

②黄云：雪天之云或黄沙尘，在阳光下是暗黄色的，所以叫黄云。曛：昏暗。白日曛，即太阳黯淡无光。

诵读指导

《别董大》是唐代诗人高适的组诗作品。这是其中的第一首，本诗描写了高适与董大久别重逢，经过短暂的聚会后又各奔他方的惜别之情。高适以开朗的胸襟、豪迈的语调把临别赠言说得激昂慷慨，鼓舞人心，于慰藉中充满信心和力量，激励朋友抖擞精神去奋斗、去拼搏。

赠 汪 伦①

（唐）李　白

李白乘舟将欲行，
忽闻岸上踏歌②声。
桃花潭③水深千尺，
不及汪伦送我情。

注释·链接

①汪伦：李白的朋友。
②踏歌：唐代一种广为流行的民间歌舞形式，其形式为一边唱歌，一边用脚踏地打拍子，也可以边走边唱。
③桃花潭：在今安徽泾县西南 50 千米左右。

诵读指导

《赠汪伦》是唐代伟大诗人李白在泾县（今皖南地区）游历时写给当地好友汪伦的一首赠别诗。"桃花潭水深千尺，不及汪伦送我情。"两句信手拈来，用比较的手法，把无形的情谊化为有形的千尺潭水，形象地表达了汪伦对李白那份真挚深厚的友情。

独坐敬亭山①

（唐）李　白

众鸟高飞尽②，
孤云独去闲③。
相看两不厌，
只有敬亭山。

注释·链接

①敬亭山：在今安徽宣城市北。

②尽：没有了。

③孤云：陶渊明《咏贫士诗》中有"孤云独无依"的句子。独去闲：独去，独自去。闲，形容云彩飘来飘去，悠闲自在的样子。

诵读指导

　　《独坐敬亭山》是唐代伟大诗人李白表现自己精神世界的佳作。此诗表面是写独游敬亭山的情趣，而其深含之意则是诗人生命历程中旷世的孤独感。诗人以奇特的想象力和巧妙的构思，赋予山水景物以生命，将敬亭山拟人化，写得十分生动，形象地写出了自己的孤独和自己在大自然中寻求安慰与寄托的情怀。

春夜喜雨

(唐)杜 甫

好雨知时节,当春乃发生①。

随风潜②入夜,润物细无声。

野径③云俱黑,江船火独明。

晓看红湿处④,花重锦官城⑤。

注释·链接

①乃:就。发生:萌发生长。

②潜(qián):暗暗地,悄悄地。指春雨在夜里悄悄地随风而至。

③野径:田野间的小路。

④晓:天刚亮的时候。红湿处:雨水润湿的花丛。

⑤花重(zhòng):花因为饱含雨水而显得沉重。锦官城:故址在今成都市南,亦称锦城,后人有用作成都的别称。

诵读指导

《春夜喜雨》是唐诗名篇之一。杜甫在经过一段流离转徙的生活后,来到四川成都定居,开始了一段较为安定的生活。此诗运用拟人手法,细致地描绘了春雨的特点和成都夜雨的景象,热情地讴歌了来得及时、滋润万物的春雨。全诗意境淡雅,意蕴清幽,诗境与画境浑然一体,是一首传神入化、别具风韵的咏雨诗。

江畔独步寻花（其六）

（唐）杜 甫

黄四娘家花满蹊①，

千朵万朵压枝低。

留连②戏蝶时时舞，

自在娇莺恰恰啼。

注释·链接

①黄四娘：杜甫住成都草堂时的邻居。蹊(xī)：小路。

②留连：即留恋，舍不得离去。

诵读指导

《江畔独步寻花七绝句》是唐代大诗人杜甫的组诗作品，共七首。这里选读的是第六首。组诗前四首分别描写恼花、怕春、报春、怜花而流露出悲愁的情怀；后三首写出赏花时的喜悦之情，蕴含春光难留之意。全诗脉络清楚，层次井然，是一幅独步寻花图，表现了杜甫对花的惜爱，对美好生活的留恋。

感兴趣的同学可以找来其他六首读一读，和同学们分享你的收获。

滁州西涧①

(唐)韦应物

独怜幽草②涧边生，

上有黄鹂深树鸣③。

春潮④带雨晚来急，

野渡无人舟自横⑤。

注释·链接

①滁州:在今安徽滁州以西。西涧:滁州城西的一条河名。

②独怜:唯独喜欢。幽草:幽谷里的小草。

③深树:枝叶茂密的树。

④春潮:春天的潮水。

⑤野渡:郊野的渡口。横:指随意漂浮。

诵读指导

《滁州西涧》是唐代诗人韦应物的一首写景七绝。作者任滁州刺史时,游览至滁州西涧,写下了这首诗情浓郁的小诗。诗人以情写景,借景述意,写自己喜爱和不喜爱的景物,说自己合意和不合意的事情,而恬淡情怀便自然地流露出来,也表达了作者对生活的热爱。

秋　夕①

（唐）杜　牧

银烛秋光冷画屏②，
轻罗小扇扑流萤③。
天阶④夜色凉如水，
坐看牵牛织女星⑤。

注释·链接

①秋夕：秋天的夜晚。此指七夕节，农历七月七日。
②银烛：银色而精美的蜡烛。画屏：画有图案的屏风。
③轻罗小扇：轻巧的丝质团扇。流萤：飞动的萤火虫。
④天阶：露天的石阶。
⑤坐看：坐着朝天看。坐：一作"卧"。牵牛织女星：两个星座的名字，指牵牛星、织女星。

诵读指导

《秋夕》是唐代诗人杜牧创作的一首七言绝句。这首诗描写七夕之夜，一位宫女仰望天河两侧的牛郎星和织女星，不时扇扑流萤，排遣心中寂寞的情景。它反映了宫廷妇女不幸的命运，表现了一位宫女举目无亲、百无聊赖的苦闷心情。

诵 读 驿 站

古诗词的分类

古诗词的题材不同,表达的思想感情就不同,在表现手法、抒情方式上,也会有所不同。对古诗词的题材分类能清楚地了解,可对具体的诗词作出准确的判断,有助于更好地鉴赏古诗词。常见的古诗词分类如下:

1.爱情诗是以爱情为题材的诗,也称"情歌""闺怨诗"。主要描写男女爱慕之情和爱情生活,或抒发离别相思之情,如《诗经》中的《蒹葭》,《汉乐府》中的《迢迢牵牛星》,李商隐的《无题》等。

2.讽刺诗是以嘲讽或劝喻手法,揭露社会黑暗、世态炎凉,表达人民或正人直士呼声的诗歌,亦称"讽喻诗",如《诗经》中的《硕鼠》《伐檀》,罗隐的《蜂》,林升的《题临安邸》等。

3.送别诗是最早出现、最为常见的题材之一。一般通过描写景物,表达离愁别绪,或用以激励劝勉,或用以表达深情厚谊,如王勃的《送杜少府之任蜀川》,李白的《送孟浩然之广陵》,高适的《别董大二首》等。

4.山水诗又称山水田园诗,在中国古代诗歌中占有较大的比例。古代诗人经常游览山水、写景言志。诗人以孟浩然、王维为代表,此外还有常建、祖咏、陶渊明、谢灵运等。

5.边塞诗是以描写边塞风光、反映边疆将士生活为基本内容的诗歌。著名的边塞诗有唐代高适的《燕歌行》，岑参的《白雪歌送武判官归京》，王之涣的《凉州词》，王昌龄的《出塞》等。

6.咏史诗是以历史故事、古人事迹为题材的怀古咏史之作，如刘禹锡的《乌衣巷》《石头城》，杜牧的《泊秦淮》《过华清宫绝句》《赤壁》等。

7.咏怀诗是以吟咏个人抱负、反映或讽刺社会为题材的诗歌，常用比兴、象征、联想等手法。如屈原的《离骚》《涉江》，李白的《行路难》《将进酒》，陈子昂的《登幽州台歌》，陆游的《书愤》等，都是令人感动的咏怀名作。

8.咏物诗是借吟咏自然或社会事物，来表达思想感情的诗歌，象征、比拟是其常用手法。这类诗先秦两汉已出现，唐以后佳作渐多。如王维的《相思》，李白的《白鹭》，于谦的《石灰吟》等。

9.记行诗又称记游诗、行旅诗。这类诗或描述个人游历见闻感受，或表现思亲怀乡之情，如杜甫的《旅夜抒怀》，马致远的《秋思》等。

10.哲理诗是一种通过对具体事物的描述、议论来寄寓或阐发某种哲理的诗歌。著名的如王之涣的《登鹳雀楼》，苏轼的《题西林壁》《琴诗》等。

第二单元

在家思孝，
事君思忠，
朋友思信。
如斯而已！

庾公①乘马有的卢②

　　庾公乘马有的卢，或语令卖去，庾云："卖之必有买者，即复害其主，宁可不安己而移于他人哉！昔孙叔敖③杀两头蛇以为后人，古之美谈。效之，不亦达乎！"

注释·链接

　　①庾(yǔ)公：庾亮，字元规，任征西大将军、荆州刺史。

　　②的卢：马名。按迷信说法，这是凶马，拥有它的主人会得祸。

　　③孙叔敖(áo)：春秋时代楚国的令尹。据贾谊《新书》载，孙叔敖小时候在路上看见一条两头蛇，回家哭着对母亲说："听说看见两头蛇的人会死的，我今天竟看见了。"母亲问他蛇在哪里，孙叔敖说："我怕后面的人再见到它，就把它打死埋掉了。"母亲说："你心肠好，一定会好心得好报，不用担心。"

诵读指导

　　庾亮驾车的马中有一匹的卢马，有人叫他把马卖掉。庾亮说："卖它，必定有买主，那就还要害那个买主，怎么可以因为对自己不利就转嫁给别人呢！从前孙叔敖打死两头蛇，以保护后面来的人，这是古时候人们乐于称道的事。我学习他，不也是很旷达的吗？"

　　这个小故事讲述的是古代"士"的精神。我国古代那些"士"，不是靠权力与财势，而是靠自身的道德教养受世人尊敬的精英，他们的品格极其高尚。曾子说过"士不可以不弘毅，任重而道远"。一个有品格的士，应该是一个有时代责任感的人，应该是一个能够经受磨难不急于求成的人，应该是一个胸怀宽广的人，应该是一个意志坚定的人。我们即使不能像范仲淹那样"居庙堂之高则忧其民，处江湖之远则忧其君"，起码应该做一个凡事多为他人着想的善良的人。

殷仲堪①既为荆州

　　殷仲堪既为荆州,值水俭②,食常五碗盘③,外无馀肴,饭粒脱落盘席间,辄拾以啖④之。虽欲率物⑤,亦缘其性真素⑥。每语子弟云:"勿以我受任方州,云我豁⑦平昔时意⑧,今吾处之不易。贫者士之常⑨,焉得登枝而捐其本⑩!尔曹其⑪存之!"

注释·链接

　　①殷仲(zhòng)堪(kān):晋孝武帝太元十七年(公元392年)任荆州刺史,太元十九、二十年,荆、徐二州水灾。

　　②水俭:因水灾而年成不好。俭:歉收。

　　③五碗盘:古代南方一种成套食器,由一个托盘和放在其中的五只碗组成,形制较小。

　　④啖(dàn):吃。

　　⑤率物:率人,为人表率。

　　⑥真素:真诚无饰,质朴。

　　⑦豁(huò):抛弃。

　　⑧时意:时俗。

⑨常：常态。

⑩"焉得"句：意指不能因为登上高枝就抛弃树干，比喻不能因为身居高位就忘掉了做人的根本。

⑪其：表命令、劝告的语气副词，大致可译"还是、要"。

诵读指导

　　殷仲堪就任荆州刺史以后，正遇上水灾歉收，吃饭通常只用五碗盘，除外没有其他荤菜，饭粒掉在盘里或坐席上，马上捡起来吃了。这样做，不仅是想给大家做个好榜样，也是因为他的本性质朴。他常常告诫子侄们说："不要因为我担任一个州的长官，就认为我把平素的生活习惯抛弃了，现在我的这种习惯并没有变。贫穷是读书人的常态，怎么能做了官就丢掉做人的根本呢！你们要记住我的话！"

　　什么是我们的立身之本呢？读了上面的故事你还有哪些体会？可以和同学、朋友、父母、老师交流分享。

徐孺子年九岁

　　徐孺子年九岁，尝月下戏，人语之曰："若令①月中无物②，当极明耶？"徐曰："不然。譬如人眼中有瞳子，无此，必不明。"

注释·链接

　　①若令：如果。
　　②物：指人和事物。神话传说月亮里有嫦娥、玉兔、桂树等。

诵读指导

　　徐孺子九岁时，有一次在月光下玩耍，有人对他说："如果月亮里面什么也没有，会更加明亮吧？"徐孺子说："不是这样。好比人的眼睛里有瞳仁，如果没有这个，一定看不见。"

　　文中徐孺子面对"若令月中无物，当极明邪？"的提问，回答妙在何处呢？换作你会如何应答？和同学们交流交流。

嵇中散①语赵景真②

嵇中散语赵景真："卿瞳子白黑分明,有白起③之风,恨④量小狭"。赵云："尺⑤表⑥能审玑衡⑦之度,寸管⑧能测往复之气。何必在大,但问识如何耳。"

·第二单元·

017

注释·链接

①嵇(jī)中散:嵇康。

②赵景真:赵至,字景真,曾任辽东郡从事,主持司法工作,以清廉见称。

③白起:战国时秦国的名将,封武安君。据说他瞳子白黑分明。人们认为,这样的人一定见解高明。

④恨:遗憾。

⑤尺:不一定是表度量的单位,只是形容其长短。

⑥表:用来观测天象的一种标杆。

⑦玑衡(jī héng):古代测量天象的仪器,即浑天仪。

⑧管:指古代用来校正乐律的竹管。

诵读指导

　　中散大夫嵇康对赵景真说："你的眼睛黑白分明,有白起那样的风度,遗憾的是眼睛狭小些。"赵景真说："一尺长的表尺就能审定浑天仪的度数,一寸长的竹管就能测量出乐音的高低。何必在乎大不大呢,只问识见怎么样就是了。"

　　这个故事中赵景真的回答让我们想起了一条成语——尺有所短,寸有所长。赵景真的回应还给你怎样的启示呢?和同学们分享你的阅读体会吧。

诸葛靓①在吴

诸葛靓在吴,于朝堂②大会,孙皓③问:"卿字仲思④,为何所思?"对曰:"在家思孝,事君思忠,朋友思信。如斯⑤而已!"

注释·链接

①诸葛靓(jìng):字仲思,其父诸葛诞因反司马氏,被司马昭杀害。他入吴国后,任右将军、大司马。吴亡,逃匿不出。

②朝堂:皇帝议政的地方。

③孙皓:吴国末代君主。

④卿字仲思:"思"字面义是思考,考虑,所以孙皓才这样问。

⑤如斯:如此;这样。

诵读指导

诸葛靓在吴国的时候,一次在朝堂大会上,孙皓问他:"你字仲思,是在思什么?"诸葛靓回答说:"在家思尽孝,侍奉君主思尽忠,和朋友交往思诚实。不过是这些罢了!"

同学们,我们每个人的名字都寄托了父母深切的期望,你喜欢自己的名字吗?向父母了解下你的名字的由来,和同学们分享分享吧。

庾公造周伯仁

　　庾公造周伯仁，伯仁曰："君何所欣说而忽肥?"庾曰："君复何所忧惨而忽瘦?"伯仁曰："吾无所忧，直是^①清虚^②日来，滓秽^③日去耳!"

注释·链接

　　①直是：只是。
　　②清虚：清静淡泊。
　　③滓秽(zǐ huì)：污秽，丑恶。

诵读指导

　　周伯仁谈锋机智果然名不虚传，庾亮话音刚落，他马上就回答说："吾无所忧，直是清虚日来，滓秽日去耳!"伯仁口吐莲花，身体胖瘦的闲谈在他的口中不落俗套，平庸无奇的聊天在他那里也变得新奇玄妙。一方面交代了自己"何以忽瘦"的原因——是因为"清虚日来"，另一方面又暗示了对方"何以忽肥"的秘密——他心中的滓秽未去，所以才肥胖不堪。回答自己"忽瘦"是明言，回击对方"忽肥"是影射，明提暗讽，一箭双雕。

谢仁祖①年八岁

谢仁祖年八岁，谢豫章②将送客。尔时语已神悟，自参上流③。诸人咸共叹之，曰："年少，一坐之颜回④。"仁祖曰："坐无尼父⑤，焉别颜回！"

· 第二单元 ·

021

注释·链接

①谢仁祖：谢尚，字仁祖，谢鲲的儿子，后任镇西将军、豫州刺史。

②谢豫章：谢鲲，任豫章太守。

③自参上流：自处于上等名流之中。上流，上等。

④颜回：孔子的弟子，对孔子的学说深有体会，孔子很赏识他。

⑤尼父(fǔ)：孔子，字仲尼，被尊称为尼父。

诵读指导

谢仁祖八岁时，他父亲豫章太守谢鲲已经领着他送客。那时他的言谈便显示出奇异的悟性，已经自居于名流之中。大家都很赞许他，说他："年纪虽小，也是座中的颜回。"谢仁祖说："座中如果没有孔子，怎么能识别颜回！"你怎样看待谢仁祖面对众人夸赞时的回应？和同学们交流你读后的体会。

支公①好鹤

支公好鹤,住剡②东岇山③。有人遗④其双鹤。少时翅长欲飞,支意惜之,乃铩⑤其翮⑥。鹤轩翥⑦不复能飞,乃反顾翅,垂头,视之如有懊丧意。林曰:"既有凌霄之姿,何肯为人作耳目近玩!"养令翮成,置,使飞去。

注释·链接

①支公:支遁,字道林,晋时和尚。
②剡(shàn):剡县,属会稽郡。
③岇(áng)山:山名。
④遗(wèi):赠送。
⑤铩(shā):摧残。
⑥翮(hé):羽毛中间的硬管,这里用来指翅膀。
⑦轩翥(zhù):高飞的样子。

诵读指导

支道林喜欢养鹤,住在剡县东面的岇山上。有人送给他一对小鹤。不久，小鹤翅膀长成，将要飞了，支道林心里舍不得它们，就剪短了它们的翅膀。鹤高举翅膀却不能飞了，便回头看看翅膀，低垂着头，看上去好像有懊丧的意思。支道林说："既然有直冲云霄的资质，又怎么肯给人做就近观赏的玩物呢！"于是喂养到翅膀再长起来，就放了它们，让它们飞走了。

对于喜爱的事物，我们常常按照自己的喜好去对待它们，读了这个小故事，你想到了什么？和父母、同学交流你的收获。

诸葛厷①年少不肯学问

诸葛厷年少不肯学问②,始与王夷甫谈,便已超诣③。王叹曰:"卿天才卓出,若复小加研寻,一无所愧。"厷后看《庄》《老》,更与王语,便足相抗衡④。

注释·链接

①诸葛厷(gōng):字茂远,一作诸葛宏,仕至司空主簿。
②学问:学习,求教,做学问。
③超诣:造诣高深。
④抗衡:对当;不相上下。

诵读指导

魏晋时期,清谈之风在士大夫阶层很流行。王夷甫是著名清谈家,西晋末年重臣,经常有人慕名来找他清谈。诸葛厷少年时期就表现出天赋超群,很有名气,王夷甫很欣赏他。但是身为少年才俊的诸葛厷有点骄傲自满,不爱虚心读书。

这个时候,王夷甫针对诸葛厷的特点恰当地采取了正激励艺术,没有针锋相对地批评诸葛厷的骄傲自满,而是因势利导地劝告他,事实证明王夷甫的正激励策略起到了很好的效果。

诵 读 驿 站

《世说新语》简介

《世说新语》又称《世语》《世说新书》,是中国南朝宋时期产生的一部笔记小说,是由南朝刘义庆组织一批文人编写的。

全书分三卷,依内容可分为德行、言语、政事、文学、方正、雅量等三十六类,每类有若干则故事,记述魏晋名士贵族人物言谈轶事,主要为有关人物评论、清谈玄言和机智应对的故事。全书故事共有一千二百多则,每则文字长短不一,有的数行,有的三言两语。

《世说新语》是研究魏晋时期世态的很好史料,其中关于魏晋名士的种种人生的追求以及种种嗜好,都有生动的描写。综观全书,可以得到魏晋时期几代士人的群像。通过这些人物形象,可以进而了解那个时代上层社会的风尚。

《世说新语》所记虽是片言数语,但内容非常丰富,广泛地反映了魏晋南北朝时期士族阶层的生活方式、精神面貌及其清谈放诞的风气,是记叙轶闻隽语的笔记小说的先驱,对后世笔记小说的发展有着深远的影响,在中国文学史上具有重要地位。

第三单元

大学之道，
在明明德，
在亲民，
在止于至善。

《大学》（节选一）

大学之道①,在明明德②,在亲民③,在止于至善。

知止④而后有定,定而后能静,静而后能安,安而后能虑,虑而后能得⑤。物有本末,事有终始。知所先后,则近道矣。

注释·链接

①大学之道:大学的宗旨。"大学"一词在古代有两种含义:一是"博学"的意思;二是相对于小学而言的"大学"。古人八岁入小学,学习文化基础知识和礼节;十五岁入大学,学习伦理、政治、哲学等学问。"道"的本义是道路,引申为规律、原则等,在中国古代哲学、政治学里,也指宇宙万物的本原,一定的政治观或思想体系等。

②明明德:前一个"明"做动词,有使动的意味,即"使彰明",也就是发扬、弘扬的意思。后一个"明"做形容词,明德也就是光明正大的品德。

③亲民:根据后面的"传"文,"亲"应为"新",即革新、弃旧图新。亲民,也就是新民,使人弃旧图新、去恶从善。

④知止:知道目标所在。

⑤得：收获。

诵读指导

　　大学的宗旨在于弘扬光明正大的品德，在于使人弃旧图新，在于使人达到最完善的境界。

　　知道应达到的境界才能够志向坚定，志向坚定才能够镇静不躁，镇静不躁才能够心安理得，心安理得才能够思虑周详，思虑周详才能够有所收获。每样东西都有根本有枝末，每件事情都有开始有终结。明白了这本末始终的道理，就接近事物发展的规律了。

《大学》(节选二)

古之欲明明德①于天下者,先治其国;欲治其国者,先齐其家②;欲齐其家者,先修其身③;欲修其身者,先正其心;欲正其心者,先诚其意;欲诚其意者,先致其知④。

注释·链接

①明明德:前一个"明"做动词,有使动的意味,即"使彰明",也就是发扬、弘扬的意思。后一个"明"做形容词,明德也就是光明正大的品德。

②齐其家:管理好自己的家庭和家族,使家庭和家族和和美美,蒸蒸日上,兴旺发达。

③修其身:修养自身的品性。

④致其知:使自己获得知识。

诵读指导

古代那些要想在天下弘扬光明正大品德的人,先要治理好自己的国家;要想治理好自己的国家,先要管理好自己的家庭和家族;要想管理好自己的家庭和家族,先要修养自身的品性;要想修养自身的品性，先要端正自己的心思；要想端正自己的心思，先要使自己的意念真诚；要想使自己的意念真诚,先要使自己获得知识；获得知识的途径在于认识、研究万事万物。

只有先做个品行端正的人，然后学习文化知识，才能影响他人,服务于社会,服务于国家。

《大学》(节选三)

致知在格物①。物格而后知至,知至而后意诚,意诚而后心正,心正而后身修,身修而后家齐,家齐而后国治,国治而后天下平。自天子以至于庶人②,壹是皆以修身为本③。

注释·链接

①格物:认识、研究万事万物。
②庶人:指平民百姓。
③壹是:都是。本:根本。

诵读指导

通过对万事万物的认识、研究后才能获得知识;获得知识后意念才能真诚;意念真诚后心思才能端正;心思端正后才能修养品性;品性修养后才能管理好家庭和家族;管理好家庭和家族后才能治理好国家;治理好国家后天下才能太平。

它向我们展现了人生追求的不同境界,上自国家元首,下至平民百姓,人人都要以修养品性为根本。

《大学》（节选四）

子曰："听讼，吾犹人也。必也使无讼乎！"①无情者不得尽其辞②。大畏民志③，此谓知本。

注释·链接

①"子曰"句：引自《论语·颜渊》。听讼，听诉讼，即审案子。犹人，与别人一样。

②无情者不得尽其辞：使隐瞒真实情况的人不能够花言巧语。

③民志：民心，人心。

诵读指导

孔子说："听诉讼审理案子，我也和别人一样，目的在于使诉讼不再发生。"使隐瞒真实情况的人不敢花言巧语，使人心畏服，这就抓住了根本。

这一段以孔子谈诉讼的话来阐发"物有本末，事有终始"的道理，强调凡事都要抓住根本。审案的根本目的是使案子不再发生，这正如"但愿世间人无病，何愁架上药生尘"的道理一样。

《大学》(节选五)①

　　所谓致知在格物者,言欲致吾之知,在即物而穷②其理也。盖人心之灵莫不有知,而天下之物莫不有理,唯于理有未穷③,故其知有不尽也。是以《大学》始教,必始学者即凡天下之物,莫不因其已知之理而益④穷之,以求至乎其极。

　　①这一章的原文只有"此谓知本。此谓知之至也"两句。朱熹根据上下文关系补充了一段文字,这里所选的,就是朱熹补充的文字。

　　②即:接近,接触。穷:穷究,彻底研究。

　　③未穷:未穷尽,未彻底。

　　④益:更加。

诵读指导

　　清朝末期,中国学术界还没有"物理"这个词,一些学者翻译了西方物理学方面的著作,他们不是采用"物理学"的译法,而是多译为"格物学"或"格致学"。"格物学"或"格致学"两种译法就是《大学》中"格物致知"一词两种形式的缩写,实质就是通过对外在事物的探求来认识"物"之"理"。1918年商务印书馆出版了由陈幌编写的《物理学》,被称是第一本国人用"物理"命名的物理学方面的著作。

简单地说,"格物致知"把我们引向万事万物,引向实践,引向"实践是检验真理的唯一标准"。

同学们,实践出真知,你们在学习过程中是怎样做的?请你和同学们交流你的经历和收获吧。

《大学》(节选六)

所谓诚其意①者,毋②自欺也。如恶恶臭③,如好好色④,此之谓自谦⑤。故君子必慎其独⑥也。

注释·链接

①诚其意:使意念真诚。

②毋:不要。

③恶(wù)恶(è)臭(xiù):厌恶腐臭的气味。臭,气味,较现代单指臭(chòu)味的含义更宽泛。

④好(hào)好(hǎo)色:喜爱美丽的女子。好(hǎo)色,美女。

⑤谦(qiān):心安理得的样子。

⑥慎其独:独自一人时也谨慎不苟。

诵读指导

同学们,做到真诚最重要。最考验人的一课便是"慎其独"——在一个人独处的时候也谨慎。简而言之,就是人前人后一个样。人前真诚,人后也真诚,一切都发自肺腑,发自内心,就像手脚长在自己身上一样自然自如,真实无欺,而不是谁外加于我的"思想改造",外加于我的清规戒律。

《大学》(节选七)

　　小人闲居①为不善,无所不至,见君子而后厌然②,掩③其不善,而著④其善。

　　人之视己,如见其肺肝然,则何益矣。此谓诚于中⑤,形于外,故君子必慎其独也。

注释·链接

　　①闲居:即独处。
　　②厌然:躲躲闪闪的样子。
　　③掩:遮掩,掩盖。
　　④著:显示。
　　⑤中:指内心。下面的"外"指外表。

诵读指导

　　曾子说:"十只眼睛看着,十只手指着,这难道不令人畏惧吗?"财富可以装饰房屋,而品德却可以修养身心,使心胸宽广而身体舒泰安康。所以,品德高尚的人一定要使自己的意念真诚。

《大学》(节选八)

所谓修身①在正其心者,身有所忿懥②,则不得其正;有所恐惧,则不得其正;有所好乐,则不得其正;有所忧患,则不得其正。心不在焉,视而不见,听而不闻,食而不知其味。此谓修身在正其心。

注释·链接

①身:程颐认为应为"心"。
②忿懥(zhì):愤怒。

诵读指导

正心是诚意之后的进修阶梯。

诚意是意念真诚,不自欺欺人。但是仅仅有诚意还不行,因为诚意可能被喜怒哀乐惧等情感支配役使,使你成为感情的奴隶而失去控制。所以,在"诚其意"之后,还必须要"正其心",也就是要以端正的心思,以保持平和的心态,集中精神修养品性。

《大学》(节选九)

　　所谓齐其家在修其身者,人之其所亲爱而辟①焉,之②其所贱恶而辟焉,之其所畏敬而辟焉,之其所哀矜③而辟焉,之其所敖惰④而辟焉。

注释·链接

①辟:偏向。
②之:即"于",对于。
③哀矜:同情,怜悯。
④敖:傲慢。惰:怠慢。

诵读指导

　　之所以说管理好家庭和家族要先修养自身,是因为人们对于自己亲爱的人会有偏爱;对于自己厌恶的人会有偏恨;对于自己敬畏的人会有偏向;对于自己同情的人会有偏心;对于自己轻视的人会有偏见。因此,很少有人能喜爱某人又看到那人的缺点,厌恶某人又看到那人的优点。所以有谚语说:"人都不知道自己孩子的坏,人都不满足自己庄稼的好。"这就是不修养自身就不能管理好家庭和家族的道理。

《大学》(节选十)

　　故好而知其恶①,恶而知其美者,天下鲜②矣。故谚有之曰:"人莫知其子之恶,莫知其苗之硕。"此谓身不修不可以齐其家。

注释·链接

①恶:缺点,不足。
②鲜(xiǎn):少。

诵读指导

　　同学们,我们修养自身的关键是克服感情上的偏私,正己然后正人。正因为首先是与自身密切相关的家,所以中国人常说"家和万事兴"。

　　美国人说:"家是父亲的王国,母亲的世界,儿童的乐园。"

　　德国人说:"人无国王、庶民之分,只要家有和平,便是最幸福的人。"

　　法国人伏尔泰说得更好:"对于亚当而言,天堂是他的家;然而对于亚当的后裔而言,家是他们的天堂。"

《大学》(节选十一)

　　所谓治国必先齐其家者,其家不可教而能教人者,无之。故君子不出家而成教于国。孝者,所以事君也;悌①者,所以事长也;慈②者,所以使众也。

注释·链接

　　①悌(tì):指敬爱哥哥。
　　②慈:指父母爱子女。

诵读指导

　　之所以说治理国家必须先管理好自己的家庭和家族,是因为不能管教好家人而能管教好别人的人,是没有的。所以,有修养的人在家里就受到了治理国家方面的教育:对父母的孝顺可以用于侍奉君主;对兄长的恭敬可以用于侍奉官长;对子女的慈爱可以用于统治民众。

　　这个道理同"陋室不扫,何以扫天下"是一样的。要从身边做起,不断提高自己的修养,才能成为有教养、能服众的人。

《大学》(节选十二)

《康诰》曰:"如保赤子①。"心诚求之,虽不中②不远矣。未有学养子而后嫁者也。一家仁,一国兴仁;一家让,一国兴让;一人贪戾,一国作乱:其机③如此。此谓一言偾④事,一人定国。

注释·链接

①如保赤子:《尚书》原文作"若保赤子"。这是周成王告诫康叔的话,意思是保护平民百姓如母亲养护婴孩一样。赤子,婴孩。

②中(zhòng):达到目标。

③机:本指弩箭上的发动机关,引申指关键。

④偾(fèn):败,坏。

诵读指导

《康诰》说:"如同爱护婴儿一样。"内心真诚地去追求,即使达不到目标,也不会相差太远。一家仁爱,一国也会兴起仁爱之风;一家礼让,一国也会兴起礼让之风;一人贪婪暴戾,一国就会兴起犯上作乱之风。"国家兴亡,匹夫有责",如果每个人都能有这样的主人翁意识,国家怎会不兴盛发达?

《大学》(节选十三)

尧、舜①帅②天下以仁,而民从之。桀、纣③帅天下以暴,而民从之。其所令反其所好,而民不从。是故君子有诸④己而后求诸人,无诸己而后非诸人。所藏乎身不恕⑤,而能喻⑥诸人者,未之有也。故治国在齐其家。

注释·链接

①尧、舜:传说中父系氏族社会后期部落联盟的两位领袖,即尧帝和舜帝,历来被认为是圣君的代表。

②帅:同"率",率领,统帅。

③桀(jié):夏代最后一位君主。纣:即商纣王,商代最后一位君主。二人历来被认为是暴君的代表。

④诸:"之于"的合音。

⑤恕:即恕道。孔子说:"己所不欲,勿施于人。"意思是说,自己不想做的,也不要让别人去做,这种推己及人,将心比心的品德就是儒学所倡导的恕道。

⑥喻:使别人明白。

　　尧、舜用仁爱统治天下，老百姓就跟随着仁爱；桀、纣用凶暴统治天下，老百姓就跟随着凶暴。统治者的命令与自己的实际做法相反，老百姓是不会服从的。所以，品德高尚的人，总是自己先做到，然后才要求别人做到；自己先不这样做，然后才要求别人不这样做。不采取这种推己及人的恕道而想让别人按自己的意思去做，那是不可能的。所以，要治理国家必须先管理好自己的家庭和家族。

　　如果每个人都能做到讲文明、有礼貌，严于律己，宽以待人，那么整个社会就会和谐安定。

《大学》（节选十四）

　　所谓平天下在治其国者，上老老①而民兴孝，上长长而民兴悌，上恤孤②而民不倍③，是以君子有絜矩之道④也。

注释·链接

　　①老老：尊敬老人。前一个"老"字做动词，意思是把老人当作老人看待。后面的长长意思是尊重长辈。

　　②恤：体恤，周济。孤：孤儿，古时候专指幼年丧失父亲的人。

　　③倍：通"背"，背弃。

　　④絜（xié）矩之道：儒家伦理思想之一，指一言一行要有示范作用。絜，量度。矩，画直角或方形用的尺子，引申为法度，规则。

诵读指导

　　平定天下要治理好自己的国家，是因为在上位的人尊敬老人，老百姓就会孝顺自己的父母；在上位的人尊重长辈，老百姓就会尊重自己的兄长；在上位的人体恤救济孤儿，老百姓也会同样跟着去做。所以品德高尚的人总是实行以身作则、推己及人的"絜矩之道"。

《大学》简介

《大学》是一篇论述儒家修身治国平天下思想的散文,原是《礼记》中的一章,相传为曾子所作,宋朝程颢、程颐兄弟把它从《礼记》中抽出,独立成篇。朱熹将《大学》《中庸》《论语》《孟子》合称为《四书》。宋、元以后,《大学》成为学校官定的教科书和科举考试的必读书,对中国古代教育产生了极大的影响。

《大学》主要从格物、致知、诚意、正心等方面谈人的修身养性问题,提出"三纲领"(明明德、亲民、止于至善)和"八条目"(格物、致知、诚意、正心、修身、齐家、治国、平天下),强调修己是治人的前提,修己的目的是为了治国平天下,说明治国平天下和个人道德修养的一致性。

《大学》全文文辞简约,内涵深刻,影响深远。

第四单元

天命之谓性；
率性之谓道；
修道之谓教。

《中庸》(节选一)

天命①之谓性；率性②之谓道；修道之谓教。

道也者，不可须臾离也；可离，非道也。是故君子戒慎乎其所不睹，恐惧乎其所不闻。

莫见乎③隐，莫显乎微。故君子慎其独也。

注释·链接

①天命：天赋。朱熹解释说："天以阴阳五行化生万物，气以成形，而理亦赋焉，犹命令也。"（《中庸章句》）所以，这里的天命（天赋）实际上就是指的人的自然禀赋，并无神秘色彩。

②率性：遵循本性。率，遵循，按照。

③莫：在这里是"没有什么更……"的意思。见（xiàn）：显现，明显。乎：于，在这里有比较的意味。

诵读指导

人的自然禀赋叫作"性"，顺着本性行事叫作"道"，按照"道"的原则修养叫作"教"。

　　"道"是不可以片刻离开的,如果可以离开,那就不是"道"了。所以,品德高尚的人在没有人看见的地方也是谨慎的,在没有人听见的地方也是有所戒惧的。

　　越是隐蔽的地方越是明显,越是细微的地方越是显著。所以,品德高尚的人在一人独处的时候也是谨慎的。

　　《大学》里也阐述过"慎独"的问题。它要求人们加强自身修养,如曾参倡导的"吾日三省吾身",那样才是真正品德高尚的人。

《中庸》(节选二)

喜、怒、哀、乐之未发,谓之中。发而皆中节①,谓之和。中也者,天下之大本也。和也者,天下之达道也。

致②中和,天地位焉,万物育焉。

注释·链接

①中(zhòng):符合。节:节度,法度。
②致:达到。

诵读指导

喜怒哀乐没有表现出来的时候,叫作"中";表现出来以后符合节度,叫作"和"。"中"是人人都有的本性,"和"是大家遵循的原则。

达到"中和"的境界,天地便各在其位了,万物便生长繁育了。

中庸要求人们加强自觉性,真心诚意地顺着天赋的本性行事,按道的原则修养自身。如果都能恪守中庸之道,天地万物就能健康发展。

《中庸》(节选三)

仲尼①曰:"君子中庸②,小人反中庸。君子之中庸也,君子而时中;小人之反中庸也,小人而无忌惮③也。"

注释·链接

①仲尼:即孔子,名丘,字仲尼。
②中庸:即中和。庸,"常"的意思。
③忌惮:顾忌和畏惧。

诵读指导

孔子的学生子贡曾经问孔子:"子张和子夏哪一个贤一些?"孔子回答说:"子张过分,子夏不够。"子贡问:"那么是子张贤一些吗?"孔子说:"过分与不够是一样的。"(《论语·先进》)

这一段话是对"君子而时中"的生动说明。也就是说,过分与不够貌似不同,其实质却都是一样的,都不符合中庸的要求。中庸的要求是恰到好处,如宋玉笔下的大美人东家之子:"增之一分则太长,减之一分则太短;著粉则太白,施朱则太赤。"

《中庸》(节选四)

子曰:"道①之不行也,我知之矣:知者②过之;愚者不及也。道之不明也,我知之矣:贤者过之;不肖者③不及也。"

"人莫不饮食也。鲜能知味也。"

注释·链接

①道:即中庸之道。
②知者:即智者,与愚者相对,指智慧超群的人。知,同"智"。
③不肖者:与贤者相对,指不贤的人。

051

诵读指导

孔子说:"中庸之道不能实行的原因,我知道了:聪明的人自以为是,认识过了头;愚蠢的人智力不及,不能理解它。中庸之道不能弘扬的原因,我知道了:贤能的人做得太过分;不贤的人根本做不到。"

"就像人们每天都要吃喝,却很少有人能够真正品尝滋味。"

这里讲的还是过与不及的问题。正因为要么太过,要么不及,所以,总是不能做得恰到好处。

《中庸》(节选五)

子曰:"舜其大知也与!舜好问而好察迩言①。隐恶而扬善。执其两端,用其中于民。其斯以为舜乎②!"

注释·链接

①迩言:浅近的话。迩,近。

②其斯以为舜乎:这就是舜之所以为舜的地方吧!其,语气词,表示推测。斯,这。"舜"字的本义是仁义盛明,所以孔子有此感叹。

诵读指导

孔子说:"舜可真是具有大智慧的人啊!他喜欢向人问问题,又善于分析别人浅近话语里的含义。隐藏人家的坏处,宣扬人家的好处。过与不及两端的意见他都掌握,采纳适中的用于老百姓。这就是舜之所以为舜的地方吧!"

隐恶扬善,执两用中。既是不偏不倚、无过无不及的中庸之道,又是杰出的领导艺术。

要真正做到这一点,要有非同一般的大智慧。

《中庸》（节选六）

子路①问强。

子曰："南方之强与，北方之强与，抑而强与②？宽柔以教，不报③无道，南方之强也。君子居④之。衽金革⑤，死而不厌⑥，北方之强也。而强者居之。故君子和而不流⑦，强哉矫⑧。中立而不倚，强哉矫。国有道，不变塞⑨焉，强哉矫。国无道，至死不变，强哉矫。"

注释·链接

①子路：名仲由，孔子的学生。

②抑：选择性连词，意为"还是"。而：代词，你。与：疑问语气词。

③报：报复。

④居：处。

⑤衽：卧席，此处用为动词。金：指铁制的兵器。革：指皮革制成的甲盾。

⑥死而不厌：死而后已的意思。

⑦和而不流：性情平和又不随波逐流。

⑧矫:坚强的样子。

⑨不变塞:不改变志向。

诵读指导

　　子路性情鲁莽,勇武好斗,所以孔子教导他:有体力的强,有精神力量的强,但真正的强不是体力的强,而是精神力量的强。精神力量的强体现为和而不流,柔中有刚;体现为中庸之道;体现为坚持自己的信念不动摇,宁死不改变志向和操守。

　　"三军可夺帅也,匹夫不可夺志也。"这是孔子所推崇的强。

　　"砍头不要紧,只要主义真。杀了夏明翰,还有后来人。"这是孔子所推崇的强。

　　说起来,还是崇高的英雄主义,献身的理想主义。

　　不过,回到《中庸》本章来,孔子在这里所强调的,还是"中立而不倚"的中庸之道,儒学中最为高深的道行。

《中庸》(节选七)

子曰："道不远人。人之为道而远人，不可以为道。《诗》云：'伐柯伐柯，其则不远①。'执柯以伐柯，睨②而视之，犹以为远。故君子以人治人，改而止。忠恕违道③不远，施诸己而不愿，亦勿施于人。"

注释·链接

①伐柯伐柯，其则不远：引自《诗经·豳风·伐柯》。伐柯，砍削斧柄。柯，斧柄。则，法则，这里指斧柄的式样。

②睨：斜视。

③违道：离道。违，离。

诵读指导

这一章告诉我们，不要对人求全责备，而应该设身处地换位思考，将心比心地为他人着想。自己不愿意的事，也不要施加给他人。因为，金无足赤，人无完人，不要说人家，就是自己，不也还有很多应该做到的而没有能够做到吗？所以，要开展批评，也要开展自我批评。圣贤如孔子，不也对自己进行严厉的批评吗？那更不要说我们这些凡夫俗子了,谁没有这样或那样的毛病呢?但每个人只要做到了忠恕,也就离道不远了。凡事不走偏锋,不走极端,这就是"中庸"的原则,这就是中庸之道。

《中庸》(节选八)

君子之道,辟①如行远必自迩②,辟如登高必自卑③。

《诗》曰:"妻子好合④,如鼓瑟琴。兄弟既翕,和乐且耽⑤。宜尔室家,乐尔妻帑⑥。"

子曰:"父母其顺矣乎。"

注释·链接

①辟:同"譬"。

②迩:近。

③卑:低处。

④妻子:妻与子。好合:和睦。

⑤翕(xī):和顺,融洽。耽:安乐。

⑥帑(nú):通"孥",子孙。

诵读指导

君子践行中庸之道,就像走远路一样,必定要从近处开始;就像登高山一样,必定要从低处起步。每个人立身处世也要先从身边做起,从家庭做起。只有家庭和睦,然后才能立足于社会。

《中庸》(节选九)

凡事,豫①则立,不豫则废。言前定,则不跲②。事前定,则不困。行前定,则不疚。道前定,则不穷。

注释·链接

①豫:同"预"。

②跲(jiá):说话不通畅。

诵读指导

任何事情,事先有预备就会成功,没有预备就会失败。说话先有预备,就不会中断;做事先有预备,就不会受挫;行为先有预备,就不会后悔;道路预先选定,就不会走投无路。

这里的"预"可理解为一种预见性、计划性。

西方有句谚语:"如果你不知道你要到哪儿去,那通常你哪儿也去不了。"有什么样的目标就有什么样的人生。仅仅有了方向还不够,还要沿着这个方向设定目标并不断调整目标。

《中庸》(节选十)

诚者,天之道也。诚之者,人之道也。诚者,不勉而中,不思而得。从容中道,圣人也。诚之者,择善而固执之者也。

博学之,审问之,慎思之,明辨之,笃行之①。

注释·链接

①博学之,审问之,慎思之,明辨之,笃行之:广泛地学习,详细地询问,周密地思考,明确地辨别,切实地施行。

诵读指导

真诚是上天的原则,追求真诚是做人的原则。努力做到真诚,就要选择美好的目标执着追求:广泛学习,详细询问,周密思考,明确辨别,切实施行。

能"博学之,审问之,慎思之,明辨之,笃行之"的人,就一定是"海纳百川"之人。这也是一个人有修养的表现。人们把那些具有像大海一样宽广胸怀的人看作是可敬的人。

《中庸》(节选十一)

唯天下至诚为能尽其性①。能尽其性,则能尽人之性。能尽人之性,则能尽物之性。能尽物之性,则可以赞天地之化育②。可以赞天地之化育,则可以与天地参③矣。

注释·链接

①尽其性:充分发挥本性。
②赞:赞助。化育:化生和养育。
③天地参:与天地并列为三。参,并列。

诵读指导

只有天下极端真诚的人能充分发挥他的本性。能充分发挥他的本性,就能充分发挥众人的本性。能充分发挥众人的本性,就能充分发挥万物的本性。能充分发挥万物的本性,就可以帮助天地培育生命。能帮助大地培育生命,就可以与天地并列为三了。

真诚者只有首先对自己真诚,然后才能对全人类真诚。真诚可使自己立于与天地并列为三的不朽地位。它的功用既然如此之大,那我们又何乐而不为呢?

《中庸》简介

《中庸》，儒家经典之一，原来也是《礼记》中的一篇，相传作者为孔子后裔子思。子思是春秋战国时期著名的思想家。

作为儒学的重要范畴之一，《中庸》对孔子"过犹不及"的思想做了进一步的发挥，其主要思想在于论述为人处世的普遍原则，教育人们如何通过自我修养完善人格。就是不要太过，也不要不及，恰到好处，这就是中庸之道。从情感的角度切入，对"中""和"做正面的基本解释：在一个人还没有表现出喜怒哀乐的情感时，心中是平静淡然的，所以叫作"中"；但喜怒哀乐是人人都有、不可避免的，这便是"中和"。人人都达到"中和"的境界，大家心平气和，社会秩序井然，天下也就太平无事了。阐发中和之为用，不偏不倚是衡量一切道德行为的最高准则。

在宋代，《中庸》被提升到突出地位，与《大学》《论语》《孟子》并称为"四书"。

第五单元

北冥有鱼，其名为鲲。鲲之大，不知其几千里也。化而为鸟，其名为鹏。

内篇·逍遥游

北冥①有鱼,其名为鲲②。鲲之大,不知其几千里也。化而为鸟,其名为鹏③。鹏之背,不知其几千里也,怒④而飞,其翼若垂⑤天之云。是鸟也,海运⑥则将徙于南冥。南冥者,天池⑦也。《齐谐⑧》者,志⑨怪者也。

注释·链接

①冥:亦作溟,海之意。"北冥",就是北方的大海。下文的"南冥"仿此。传说北海无边无际,水深而黑。

②鲲(kūn):本指鱼卵,这里借表大鱼之名。

③鹏:本为古"凤"字,这里用表大鸟之名。

④怒:奋起。

⑤垂:边远;这个意义后代写作"陲"。一说遮,遮天。

⑥海运:海水运动,这里指汹涌的海涛;一说指鹏鸟在海面飞行。徙:迁移。

⑦天池:天然的大池。

⑧齐谐:书名。一说人名。

⑨志:记载。

　　《逍遥游》是《庄子》一书的第一篇,作者大笔挥洒,以描写神奇莫测的巨鲲大鹏开端,一开头就向我们展示了一幅雄奇壮丽的画卷:北方深海之中,有一条"不知其几千里"长的巨鲲。这条鱼的巨大,已经够令人惊奇的了,而它竟又变化为一只大鹏,这怎不令人感到神奇万分呢?

　　这只神奇的大鸟岂止是大,还要腾空而起,还要乘海风做万里之游,由北海直飞南海天池。它积满气力,怒张毛羽,一振而飞上天,翅膀像遮天盖地的大块云影。经过这样一番描写、形容和打比方,无形中联系了普通人的生活经验,调动了人们的联想和想象,把作者心目中那种为一般人难于理解和想象的高远境界,变得易于理解和想象了。

内篇·人间世

汝不知夫螳螂乎?怒其臂以当车辙①,不知其不胜任也,是其才之美者也②。戒之,慎之!积伐而③美者以犯之,几④矣。

注释·链接

①怒:奋起。当:阻挡。辙:车轮行过的印记。"车辙"犹言"车轮"。

②是其才之美:即"以其才之美为是",即自恃才能太高。

③积:长期不断地。伐:夸耀。而:你。

④几:危险。

诵读指导

春秋时,鲁国有个贤人名叫颜阖(hé),被卫国灵公请去当太子蒯聩(kuǎi guì)的老师。颜阖听说蒯聩仗着父亲是一国之君,整天作威作福,蛮不讲理。颜阖感到教育这样一个学生十分困难,不知如何是好。

颜阖到卫国后,他先去拜访卫国的大夫蘧(qú)伯玉,请教如何才能教好蒯聩。蘧伯玉回答说:"颜阖先生,您先来问情况是对的,您想教好太子确实很难办到啊。"他进一步分析说:"我举一个例子说吧！螳螂自不量力,自己跑到马路上来,举起双臂来阻挡前进的车轮,结果是可想而知的。尽管它自己确实认为这种举动是勇敢的,但是确实没有意义啊。颜阖先生啊,您的心是好的,但您的作为像螳臂当车一样,您要小心慎重！有些事情不是您一个人能解决的,您还是好自为之吧！"

后来,人们就用"螳臂当车"作为成语,来比喻没有正确估计自己的力量,就轻率地去做办不到的事,结果必然会招致失败。

内篇·德充符

人莫鉴①于流水而鉴于止水,唯止能止众止②。受命于地,唯松柏独也在冬夏青青;受命于天,唯舜独也正③,幸能正生④,以正众生。

注释·链接

①鉴:照看,审察的意思。远古无镜子,人们对着盛有水的器皿照看就像今天照镜子一样,故有"鉴于止水"而"莫鉴于流水"的说法。

②唯止能止众止:唯有静止之物方能照人,方能使别的什么东西也静止下来。

③以上四句有的版本为六句:"受命于地,唯松柏独也正,在冬夏青青;受命于天,唯尧舜独也正,在万物之首",句式要工整得多,姑备参考。

④正生:即正己,指端正自己的品行。下句"正众生"即端正他人的品行。

诵读指导

正在流动的水,是无法照出任何相貌的;但是静止的水,却像是一面镜子,能够虚心坦白地接受一切事物。因此,所谓"明镜止水",就是形容能够以宁静坦诚的心情面对任何事物的一种心性境界。出典于"人莫鉴于流水而鉴于止水"。

诵 读 驿 站

《庄子》简介

　　庄子,名周,战国时蒙(今安徽省蒙城县)人。庄子继承了老子的思想,并把它发扬光大,创建了完整而精辟的人生哲学体系,开启了人类对自然、社会、人三者关系的深入探讨。庄子学说的建立,源于老子道的学说,他们都是道家学派的代表人物,世称老庄。

　　《庄子》今存三十三篇,分《内篇》(七篇)、《外篇》(十五篇)、《杂篇》(十一篇)三个部分。本书选文有的劝勉我们要立志高远,努力学习;有的告诫人们要与自然界和谐相处,融为一体;还有的启发人们要善于发现并利用自然规律等。庄子在说明这些深刻的道理时,善于寓说理于寓言之中,善于用大胆的夸张,丰富的想象,奇特的构思,让人读了犹如遨游天地之间。

　　由于对当时社会现实的极端不满,庄子的文章敢于对统治阶级的种种残暴、黑暗和虚伪行径进行揭露和鞭挞,以嬉笑怒骂皆成文的妙笔,讽刺社会现实。文笔变化多端,具有浓郁的浪漫主义色彩,又富有幽默讽刺的意味,充分体现了庄子文章的艺术特色。

　　《庄子》的文学笔触和艺术表现手法,对后世文学语言产生了很大的影响。

道可道，非常道；
名可名，非常名。
无，名天地之始；
有，名万物之母。

《道德经》(节选一)

　　道可道，非常道①；名可名②，非常名。

　　无，名③天地之始④；有，名万物之母⑤。

　　故常⑥无，欲以观其妙⑦；常有，欲以观其徼⑧。此两者，同出而异名，同谓⑨之玄。玄之又玄⑩，众妙之门⑪。

071

注释·链接

　　①道可道，非常道：第一个和第三个"道"是名词，指的是宇宙的本原和实质，引申为原理、原则、规律等；第二个"道"是动词，指言说、表述。

　　②名可名：第一个"名"是名词，概念，指"道"的形态；第二个"名"是动词，称谓、命名、说明的意思。

　　③名：表述，说明。

　　④始：原始。

　　⑤母：母体，根源。

　　⑥常：亘古不变，永恒。

　　⑦妙：微妙的意思。

　　⑧徼(jiào)：边际、边界。引申为端倪的意思。

　　⑨谓：称谓。

⑩玄：深黑色，玄妙深远，有深远看不见的神秘意思。

⑪门：一切奥妙变化的总门径。

诵读指导

　　道，可以被人们用言词表达的，就不是客观永恒的道；名，可以由人们表述的，就不是永恒的、运动不息的名。

　　无，用来称述天地的初始；有，用来称述万物的根本。

　　所以，应该常常把握"无"，以观察天地初始的奥妙；要常常把握"有"，以观察万物根本的端倪。"无"和"有"，二者同出于道而名称不同，它们都可以说是高深莫测的。从有形的深远境界到达无形的深远境界，那就是通向一切变化的总门径。

　　老子第一次提出"道"这个概念，道是老子哲学体系的核心，是贯穿全书的一条思想纽带。老子认为，道是天地万物的本原，微妙幽深。本章是道的总论，也是《道德经》全书的总纲。

《道德经》(节选二)

是以圣人处无为之事①,行不言之教:万物作②而弗始,生而不有,为而不恃③,功成而弗④居。夫唯弗居,是以不去。

注释·链接

①圣人处无为之事:圣人用无为的观点处理事情。圣人,此处指道家所推崇的最高层次的典范人物。处,担当、担任。无为,顺应自然,不加干涉,不必管束。

②作:开始生长,自然兴起。

③恃:依仗、依赖。

④弗:不。

诵读指导

有道的人用无为的观点对待、处理世事,用不言的方式进行教化;听任万物自然生长而不管制,生养万物但不去占有,培育万物而不去依仗,大功告成而不自夸有功。正因为不居功,所以功绩就不会失去。

《道德经》(节选三)

天地不仁,以万物为刍狗①;圣人不仁,以百姓为刍狗。

天地之间,其犹橐籥乎②?虚而不屈③,动而愈④出。

多言数穷⑤,不如守中⑥。

注释·链接

①刍(chú)狗:用草扎成的狗,古代专用于祭祀之中。祭祀完毕,就把它扔掉或烧掉。天地以万物为刍狗,是说天地对万物无所偏爱,而任其自然生成或毁灭。

②犹橐(yóu tuó)籥(yuè):犹,如同、好像;橐籥,古代冶炼时为炉火鼓风用的助燃器具——袋囊和送风管,即古代的风箱。

③屈:这里读"jué",竭尽,穷尽。

④愈:更加的意思。

⑤多言数穷:老子认为,见多识广,有了智慧,反而使政令繁苛,破坏了天道。数,通"速",是加快的意思;穷,穷困,穷尽到头,无路可行。

⑥中:通"冲",空虚、虚静。

天地没有偏爱之心,像对待刍狗一样对待万物;圣人也不存在偏爱,也像对待刍狗一样对待百姓。

天地之间,不正像风箱一样吗?空虚却不穷尽,越是鼓动就越是出风不绝。

议论太多,往往失败,不如坚守内心的清静。

老子告诉人们,天地是纯客观自然的,自然发生的一切都是客观规律的作用。老子用鲜明生动的比喻说明如何认识自然和正确对待自然,告诉人们不要用自己的意志和情感去歪曲和主宰自然,更不能偏爱,不能有厌弃之心。

第六单元

075

《道德经》(节选四)

天长地久①。天地所以能长且久者，以其不自生②，故能长生。

是以圣人后③其身④而身先⑤，外⑥其身而身存⑦。非以其无私邪⑧?故能成⑨其私⑩。

注释·链接

①长、久：均指时间长久。

②以其不自生：因为它不为自己生存。以，因为；生，生存。

③后：方位词做动词，使……后。

④身：自身，自己。以下三个"身"字意同。

⑤先：居先，占据了前位。此是高居人上的意思。

⑥外：这里是置之度外的意思。

⑦存：保存，存在。

⑧邪：助词，表示疑问的语气。

⑨成：成就。

⑩私：自私。

天地是长久存在的。天地之所以能长久存在,是因为它们不为自己而生,所以能够长久生存。

因此,有道之人把自己置于众人之后,反而能在众人之中领先;将生命置之度外,反而能保全自己。这不正是因为他的无私吗?所以能成就自己。

老子认为,天地之所以长久存在,之所以永恒,是因为它的存在是纯客观、纯自然的,不刻意存在,也不为一己私利而存在。做人也应如此,如果一个人,心中只有道,没有私心,就会得到别人的支持与信任,就会在别人的帮助下实现自己的理想。

《道德经》(节选五)

持而盈之①,不如其已②。

揣而锐之③,不可长保④。

金玉满堂,莫之能守⑤。

富贵而骄,自遗其咎⑥。

功遂身退⑦,天之道⑧也。

注释·链接

①持而盈之:指占有得太多。持,拿、端;盈,满。

②已:停止。

③揣而锐之:锤击金属器具,使之锐利。这里比喻锋芒外露。

④保:守住。

⑤莫之能守:没有能守住的。

⑥自遗其咎:自己招灾的意思。遗,送给、留下;咎,灾祸。

⑦功遂身退:功成业就,应当退位收敛。这一句话是本章的主旨,十分尖锐。它要求人在完成功业之后,不自恃,不锋芒毕露。

⑧天之道:即自然的规律。

积累得太满,不如趁早停止。

锤击使它尖锐锋利,锐势不可能保存长久。

金玉满堂,没有谁能守护。

富贵了而又骄傲,就给自己招致灾祸。

功成身退,这是符合自然的规律。

老子认为贪图钱财、私欲过度便会贻害无穷;太过于炫耀,太过于盛气凌人,就会受到挫折,招致灾祸。因此,为人处世应该学会知足,功成身退,才能避免灾祸,这些都是大自然的规律。

《道德经》(节选六)

三十辐共一毂①,当②其无,有车之用。

埏埴③以为器④,当其无,有器之用。

凿户牖⑤以为室,当其无,有室之用。

故有之以为利,无之以为用⑥。

注释·链接

①三十辐共一毂(gǔ):古代的车轮由三十根辐条所构成。辐,车轮中连接轴心和轮圈的直木条。古代车轮的辐条,如同现代自行车的轮条;共,环绕;毂,车轮中心有圆孔的圆木,内贯车轴,外承车辐。

②当:一说"处在",另一说"配合"。

③埏(shān):和(huó),揉。埴(zhí):黏土。

④器:指器皿。

⑤户牖(yǒu):门窗。

⑥有之以为利,无之以为用:有,指事物的实体,如车、器皿、房屋等;无,中空的地方。"有"给人以便利,"无"发挥出它的作用。此句是本章的主旨。

　　三十根辐条环绕着一个轮毂,有了毂中间的洞孔,车才有了作用。

　　揉捏黏土做成器皿,有了器皿的中空处,才可以成就器皿的功用。

　　开凿门窗建造房屋,有了门、窗和墙壁内中空的地方,才成就了房屋的功用。

　　因此,实体"有"给人提供了便利的条件,是因为空虚的"无"发挥了实际的作用。

　　老子用车、陶器和房屋之类人们日常生活中的必需品形象地阐述了深刻的思想。有车轮而没有那个中空的孔,车子就不能用;陶器没有中空,陶器就无法使用;房子也是如此。器物有中空,即"无",才能被使用。"有"和"无"是辩证统一、相互依存和互为作用的。

《道德经》(节选七)

宠辱若惊①,贵②大患③若身④。

何谓宠辱若惊?宠为上,辱为下,得之若惊,失之若惊,是谓宠辱若惊。

注释·链接

①宠辱若惊:受到宠爱和侮辱就像受到惊吓一样。宠,宠爱,宠幸;辱,侮辱;若,相当于乃,副词,于是的意思。

②贵:贵重、珍视、重视。在这里是"以……为贵"。

③大患:大的祸患。

④身:身体、生命。

诵读指导

什么叫得宠和受辱都感到惊吓不安呢?人们以为得宠为上,受辱为下,得到宠爱感到忐忑不安,失去宠爱也感到惊恐慌乱,这就叫得宠和受辱同样会感到不安。

老子认为,许多人总是因为得宠失宠、得利失利而大喜大悲。心中忐忑不安,是因为太看重自身。其实,宠辱都是因名利之类的身外物而造成的。

《道德经》(节选八)

何谓贵大患若身?吾所以有大患者,为吾有身①;及②吾无身,吾有何患?

故贵以身为天下③,若可寄天下④;爱以身为天下,若可托天下⑤。

083

注释·链接

①吾所以有大患者,为吾有身:我之所以有大患,是因为我的身体存在。

②及:若,如果。

③贵以身为天下:以天下为贵。贵,以……为贵。

④若可寄天下:才可以把天下交给他。寄,寄托。

⑤爱以身为天下,若可托天下:以爱身的态度对待天下事,才可以把天下托付给他。

诵读指导

什么叫身体是自己最大的忧患?我之所以有忧患,是由于我有自己的身体,如果我没有这个身体,我还会有什么忧患呢?

所以,以珍重自己身体的态度去治理天下的人,就可以把治理天下的重担让他担负起来;能够爱惜自己的身体,并以这种态度去对待天下事的人,就能够把天下的重任交付给他。

因此,人应该知足,应该清心寡欲、淡泊名利。只有自尊自爱、无私无畏,把自己的生命和天下人的生命连成一体,才值得他人信赖,才能担当治理天下的大任。

《道德经》（节选九）

致虚极①，守静笃②。万物并作，吾以观复③。

夫物芸芸④，各复归其根⑤。归根曰静，静曰复命⑥。复命曰常⑦。知常曰明⑧；不知常，妄作凶⑨。

知常容⑩，容乃公⑪，公乃王⑫，王乃天⑬，天乃道，道乃久，没身不殆⑭。

注释·链接

①致虚极：尽量使心灵达到空明的状态。致，同"至"，达到；极，极点。

②守静笃：保持这种清净。笃，高度专心。

③复：循环往复的规律。

④芸芸：纷繁茂盛。

⑤复归其根：返回自然的根本。

⑥复命：复归本性。

⑦常：指事物运动变化中不变的规律，也就是永恒的法则。

⑧明：准确地认识和遵循循环往复的规则。

⑨不知常,妄作凶:对事物的运动变化规律不了解,轻举妄动就会做出凶险的事情。

⑩容:包容、宽容。

⑪公:公平、公正。

⑫王:即天下归顺的意思。

⑬天:指自然。

⑭没身不殆:到死都不会遇到危险。殆,危险。

诵读指导

使心灵达到极度空虚的状态,坚守这种极度的宁静。万物一起蓬勃生长,我从中观察到了循环往复的规律。

万物纷繁茂盛,最终各自又会回到它们的根本。归回根本叫作"静",静叫作"复命"。复命叫作"常",认识了"常"叫作"明"。不了解"常",轻举妄动就会做出很多凶险的事情。

认识了"常",才能包容万象,懂得包容就能公正,公正无私才能使得天下归顺,天下归顺才能符合自然规律,符合自然才能符合"道",符合"道"才能长久,才能到死都不会遇到危险。

老子认为,悟道的根本原则是"致虚"和"守静"。"致虚"就是要排除一切杂念和私欲,使心达到空虚纯净的状态。"守静"就是要顺应自然规律,保持内心的清净。只有胸怀宽广、懂得包容、大公无私的人才能悟道,只有悟道之人才能保全自身。

《道德经》简介

老子姓李,名耳,字聃,楚国苦县厉乡曲仁里(今安徽省亳州市涡阳县)人。老子是先秦时代道家学派的创始人,是中国古代著名的思想家。

《道德经》又名《老子》,全书共八十一章,分为上下两篇,上篇三十七章,起首为"道可道,非常道;名可名,非常名",人称《道经》;下篇四十四章,起首为"德不德,是以有德;下德不失德,是以无德",人称《德经》。全书的思想结构是道是德的"体",德是道的"用"。

《道德经》是中国文化史上最早的一部哲学著作,文简意丰,博大精深。主张人类返璞归真,道法自然,倡导人与自然和谐相处,均衡发展等闪光思想和智慧。两千多年来,《道德经》的闪光思想和智慧已经渗透到中国人的血液中,对中国文化的各个方面产生了深刻的影响。

《道德经》不仅是一部哲学经典,而且它文字简洁,富有韵律,字字珠玑,句句玄妙,因此又被称为哲理诗。《道德经》是中华古老文明的结晶,也是人类共同的智慧财富。

第七单元

企者不立，
跨者不行。
自见者不明，
自是者不彰，
自伐者无功，
自矜者不长。

《道德经》(节选十)

太上①，不知有之②；其次，亲而誉之③；其次，畏之④；其次，侮之⑤。信不足焉，有不信焉⑥。

悠兮⑦其贵言⑧。功成事遂⑨，百姓皆谓："我自然⑩。"

注释·链接

①太上：最好的。这里指最好的君王。

②不知有之：老百姓不知道有君王的存在。

③其次，亲而誉之：比这次一等的，老百姓亲近他、赞扬他。

④畏之：害怕他。

⑤侮之：侮辱他。

⑥信不足焉，有不信焉：君王的诚信不足，百姓才会不信任他。

⑦悠兮：悠闲的样子。

⑧贵言：意思是不轻易发号施令。

⑨遂：完成；成功。

⑩自然：自然而然如此。

诵读指导

　　最好的君王,百姓意识不到他的存在;次一等的君王,百姓亲近他、赞扬他;再次一等的,百姓害怕他;更次一等的,百姓轻侮他。君王的诚信不足,百姓不会信任他。

　　最好的统治者很悠然,他不会轻易发号施令。事情办成了,百姓都说:"我们本来就是这样的。"

　　老子阐述了四种不同的君王以及百姓对他们的感受。第一种君王无为而治,一切顺应自然,百姓感觉不到他的存在,却照样安闲自在地生活,这是老子理想中的统治者。第二种君王有能力治国,百姓亲近并爱戴他。第三种君王威严专制,百姓害怕他。第四种君王残暴统治,百姓侮辱他。

　　老子认为,君王治国,归顺于自然,让百姓感觉不到他的存在,才是最理想的,百姓才能真正安居乐业。

《道德经》(节选十一)

绝①圣弃智②,民利百倍③;绝仁弃义,民复④孝慈;绝巧⑤弃利,盗贼无有。此三者,以为文⑥不足。故令有所属⑦:见素抱朴⑧,少私寡欲⑨,绝学无忧⑩。

注释·链接

①绝:断绝。

②圣、智:聪明;智巧。

③民利百倍:百姓才可以得到百倍的好处。

④复:恢复。

⑤巧:技巧。

⑥文:文饰、巧饰。

⑦所属:有所归属。

⑧见素抱朴:外表单纯,内心朴素。见,同"现",显现、显示;抱,保持、坚守。

⑨少私寡欲:减少私心,减少欲望。

⑩绝学无忧:杜绝仁义圣智的学问,没有忧虑。

诵读指导

抛弃聪明和智巧,百姓才可以得到百倍的好处;杜绝和抛弃所谓的"仁义",百姓才能恢复仁慈孝顺的本性;抛弃技艺和私利,盗贼就会消失。圣智、仁义和巧利这三者全是巧饰的东西,不足以治理天下。所以,要使百姓有所归属。外表单纯、内心朴素、减少私欲、抛弃世俗的学问,就不会有忧虑。

老子提出了解救社会的方法。他认为,面对社会上虚伪的文明,只有抛弃聪明才智、抛弃仁义、杜绝私利,民心才能够淳朴老实,社会才能够安定,百姓才会有归属,不会有忧患。返璞归真,才能够救国、治国。

《道德经》(节选十二)

孔①德之容②，惟③道是从。

道之为物，惟恍惟惚④。惚兮恍兮，其中有象⑤；恍兮惚兮，其中有物⑥。窈⑦兮冥⑧兮，其中有精⑨。其精甚真⑩，其中有信⑪。自古及今，其名⑫不去⑬，以阅众甫⑭。吾何以知众甫之状哉？以此⑮。

注释·链接

①孔：大。

②容：指动作、状貌等。孔德之容，即大德的模样。

③惟：只有。

④道之为物，惟恍惟惚：道作为一种存在物，它是若有若无、恍恍惚惚的。

⑤象：形象。

⑥物：实物。

⑦窈(yǎo)：深远。

⑧冥：昏暗、不清楚。

⑨精：精神、规律。

⑩其精甚真:这种精神是真实存在的。

⑪信:真实、可靠。

⑫名:名字。

⑬去:失去。

⑭以阅众甫:用来认识万物的起始。众甫,指万物的起始。

⑮以此:从道认识万物的起始。此,指道。

诵读指导

大德的模样,只是随"道"而转变的。

道作为一种存在物,是恍恍惚惚、若有若无的。它是那样的恍恍惚惚啊,其中却有形象;它是那样的恍恍惚惚啊,其中却有实物;它深远昏暗啊,却含有极其细微的精神。这种精神是非常真切的,是真实可信的。从古到今,它的名字永远不会消失。人们以它来认识万物的起始。我是怎么知道万物起始的情形呢?就是根据"道"而得知的。

老子认为"道"是有德之人的行为准则。"道"是客观存在的,但它无形无状、恍恍惚惚、若有若无。"道"是万物的根源,人们根据"道"而认识世界,明白万物的起始,观察万物的状态。

《道德经》（节选十三）

曲则全①，枉则直②，洼则盈③，敝则新④，少则得，多则惑⑤。

是以圣人抱一为天下式⑥。不自见⑦，故明；不自是，故彰⑧；不自伐⑨，故有功；不自矜⑩，故长。

注释·链接

①曲则全：弯曲才能保全。

②枉则直：委屈反而能伸直。

③洼则盈：低洼才能充盈。

④敝则新：破旧才能新生。

⑤少则得，多则惑：少取则可多得，贪多反而迷惑。

⑥圣人抱一为天下式：圣人坚守大道，作为天下的典范。一，指"道"；式，法式，典范。

⑦自见：自我表现。"见"通"现"。

⑧彰：明显、显著。

⑨伐：夸赞。

⑩矜：骄傲。

　　弯曲才能保全,委屈反而能伸直,低洼才能充盈,破旧反而能新生,少取才能多得,贪多反而会迷惑。

　　所以,有道的人坚守"道"这一原则作为天下事理的典范。不自我表现,因此聪明;不自以为是,因此清楚明白;不自我夸耀,反而显功劳;不自高自大,所以能长久。

　　老子告诉人们,在为人处世中,存在着许许多多的辩证关系。弯曲和保全、委屈和伸直、低洼和充盈、破旧和新生,既是对立的、矛盾的,又是相互依存、相互转化的。

《道德经》(节选十四)

夫唯不争,故天下莫能与之争。古之所谓"曲则全"者,岂虚言哉?诚^①全而归之。

注释·链接

①诚:确实。

诵读指导

正因为不跟人争,所以天下没有谁能与他相争。古人所说的"委曲反而可以保全"的话,难道是空话吗?它确实是能够达到的。

因此,看问题不能只看表面,不能自以为是、自高自大,要做到没有私心,不去争名夺利。淡泊宁静,才能修身养性。

《道德经》(节选十五)

企者不立①,跨者不行②。自见者不明③,自是者不彰④,自伐者无功⑤,自矜者不长⑥。

其在道也,曰馀⑦食赘⑧行⑨。物或恶之,故有道者不处⑩。

注释·链接

①企者不立:踮起脚跟的人,反而站不稳。企,踮起脚。

②跨者不行:跨步走路的人,反而走不稳。

③自见者不明:自我表现的人,事情看不明白。

④自是者不彰:自以为是的人,是非总是分不清。

⑤自伐者无功:自我夸耀的人,事业不会成功。

⑥自矜者不长:自高自大的人不能持久。

⑦馀:同"余",多余。

⑧赘:病名。赘疣,俗称猴子。

⑨行:同"形",长出、形成。

⑩有道者不处:有道的人不会这样做。

踮起脚跟，反而站不稳；跨步走路，反而走不稳。自我表现的人，总是看不明白事物；自以为是的人，总是分不清是非；自我夸耀的人，事业不会成功；自高自大的人，反而不能持久。

从"道"的观点来看，可以说都是残羹剩饭和赘疣，惹人厌恶，所以有"道"的人是不这样做的。

老子强调一切要顺应自然，刻意而为反而会适得其反：踮起脚反而站不稳，走得太快反而走不远，自以为是、自高自大的人反而不会成功。有道之人不会追求私欲、自夸自耀。一切违背自然的举动都是阻碍人修身得道的。

《道德经》(节选十六)

故道大,天大,地大,人亦大。域中有四大①,而人居其一焉。人法②地,地法天,天法道,道法自然③。

注释·链接

①域中有四大:宇宙中有四"大"。
②法:效法、取法。
③自然:指道的自然状态。

诵读指导

所以说,"道"大,天大,地大,人也大。宇宙有四大,而人是四大之一。人以地为法则,地以天为法则,天以道为法则,道则效法于自然。

老子认为,"道"是混沌而生的,它先于天地而存在,独立生存,运动不息。他指出,宇宙中有"四大",分别是道、天、地和人,他将人列入"四大"之一,是因为人的精神是广阔无限的,这是老子对人的精神力量的肯定和歌颂。人生活在世上,要无为处事,顺应自然。

《道德经》(节选十七)

重为轻根①,静为躁君②。是以圣人终日行不离辎重③。

虽有荣观④,燕处⑤超然⑥。奈何万乘之主⑦,而以身轻天下⑧?

轻则失本,躁则失君。

注释·链接

①重为轻根:稳重是轻率的根本。根,根本、基础。

②静为躁君:宁静是浮躁的主宰。躁,急躁、躁动;君,主宰。

③辎(zī)重:军用粮草、被服、器物等,或外出所带包裹、箱笼等。

④荣观:贵族游玩享乐的地方,这里代指华丽的生活。

⑤燕处:安居其中。

⑥超然:不陷在里面。

⑦万乘之主:指大国的君主。

⑧以身轻天下:自身轻率地治理天下。

　　稳重是轻率的根本，宁静是浮躁的主宰，因此君子整天外出行路都不离开载重的车辆。

　　虽然有华丽的生活，却处之泰然。为什么身为大国的君主，却轻率地治理天下呢？

　　轻率就丧失了根本，躁动就丧失了主宰。

　　老子在此论述了稳重和宁静在修身养性中所起到的作用。重是轻的根本，静是动的主宰。老子告诫人们，遇事应沉着冷静，超然于物外。统治者更要不为名利，稳重地处理国事。轻率和浮躁都会使人丧失自我，遭受失败。

《道德经》(节选十八)

善行无辙迹①,善言无瑕②谪③,善数④不用筹策⑤,善闭⑥无关楗⑦而不可开,善结无绳约⑧而不可解。

是以圣人恒⑨善救人,故无弃人⑩;恒善救物,故无弃物。是谓袭⑪明。

注释·链接

①善行无辙迹:意思是善于走路的,不留痕迹在地面上。辙,车轮压出的痕迹。迹,脚步、马蹄等留在地上的痕迹。

②瑕:指玉石上面的斑点,比喻缺点。

③谪:责备、指责,引申为过失。

④数:计算。

⑤筹策:古代计算时所使用的一种工具,用竹制成。

⑥闭:关闭。

⑦关楗:门闩。

⑧绳约:绳索。

⑨恒:常、总是。

⑩是以圣人恒善救人,故无弃人:因此圣人总是善于救助别人,所以没有被遗弃的人。

⑪袭：有保持、含藏的意思。

诵读指导

　　善于行走的人，路上不留痕迹；善于言谈的人，没有过失；善于计算的人，不用筹码；善于关门的人，不用门闩却使人不能打开；善于捆缚的人，不用绳索却使人不能解开。

　　有道的人总是善于救助他人，所以没有被遗弃的人；总是善于救助万物，所以没有被废弃的东西，这就叫作内在的智慧。

　　老子在此详细论述了"无为而治"。老子认为，善于行走的人不会留痕迹，善于言谈的人不会留瑕疵，善于计算的人不用筹码，善于关门的人不用门闩，善于捆绑的人甚至不需要绳索，这是多么高深的境界！

诵 读 驿 站

　　这一章,老子通过论述"道"的本质和功能来说明治国之道。

　　"道常"指的是"道"的"公式、定式、规律"。老子认为,"无为"是人能够得"道"的唯一方法,因为"道"总是从"无"产生的,即所谓"无中生有"。所谓"无为",就是使事物保持在其产生之前的"无"的状态。对于已经存在的事物,人可以使用逻辑推理的方法将事物产生之前的"无"的状态推衍出来,并作为同类事物的借鉴,从而以保持这种"无"的状态的办法来避免不利于人的情形发生。"名"指的是事物的趋势已经开始出现,如果能够去掉这个"名",其趋势也就不存在了,这种情形就可以称之为"朴"。"朴"也可以称为"无欲",是事物产生之前还未出现任何趋势的"静"的状态。老子认为,用"无为"的办法,可以避免乱象的发生,从而达到他所期望的"无不为"的效果。所谓"无不为",就是可以从"无"开始去做任何自己想做的事情,即是将事情引导至对人有利的方面,并保持这种状态。老子用"无为"而"无不为"表明,"无为"是"得道"的唯一办法。"无为"的方法也被称为"心法",是人动用自身的逻辑思维的方法。人必须通过逻辑思维的程序才能对一切事物加以抽象,从而可以用抽象来对应和理解事物的本质。当人能理解事物的本质,能从逻辑上重构宇宙的源起过程,就是所谓"得道"。所有的事物在逻辑上都有其本身的状态和位置,这种情形也就是"自定"的意思。

第八单元

知人者智，
自知者明。
胜人者有力，
自胜者强。

《道德经》(节选十九)

故善人者,不善人之师①;不善人者,善人之资②。不贵其师,不爱其资,虽智大迷。是谓要妙③。

注释·链接

①善人者,不善人之师:善人是不善之人的老师。

②不善人者,善人之资:恶人可以为善人借鉴。

③要妙:精要、玄妙。

诵读指导

所以善人,是不善之人的老师;恶人,可以作为善人的借鉴。不尊重自己的老师,不爱护自己的学生,虽然自以为聪明,其实是最大的糊涂,这就是微妙的道理。

由此,治理国家其实并不需要任何束缚,而是应该遵循大道,处无为之事,行不言之教,只要人人坚守道,排除身外之物,则天下太平,百姓安康。悟道之明就在于以永恒的善作为原则去济世救人。

《道德经》(节选二十)

知其雄,守其雌①,为天下谿②。为天下谿,常德不离,复归于婴儿③。知其白,守其黑,为天下式④。为天下式,常德不忒⑤,复归于无极⑥。知其荣⑦,守其辱,为天下谷⑧。为天下谷,常德乃足,复归于朴⑨。朴散则为器⑩,圣人用之,则为官长⑪,故大制不割⑫。

注释·链接

①知其雄,守其雌:其,代词,这个;雄,刚劲、雄强;雌,柔弱、谦卑。

②谿(xī):同"溪"。在此象征谦卑。

③婴儿:象征纯真质朴。

④式:典范。

⑤忒:差错。

⑥无极:无可穷极的境界。

⑦荣:荣耀。

⑧谷:川谷,象征宽容谦卑。

⑨朴:质朴。

⑩朴散则为器：质朴分散为各种器物。

⑪官长：百官之长，指君王。

⑫大制不割：完善的政治制度是不会割裂自然的。

诵读指导

虽然知道自己刚强，却安守于柔弱的状态，甘愿处于天下卑低之处。处于天下卑低之处，永恒的德性就不会离失，就会回复到婴儿般单纯的状态。虽然知道自己的明亮，却安守于黑暗，甘愿做天下的典范。作为天下的典范，永恒的德性才不会有差错，才会回复到无穷的境界。虽然知道什么是荣耀，却安守于屈辱，甘愿作为天下的空谷。身为天下的空谷，永恒的德性才会得到充实，回复到质朴的状态。质朴分散为各种器物，有道的人利用这种质朴与器物关系的本性，就成为百官之长。所以，完美的制度不会割裂自然的完整性。

老子认为行道之人应该在明知自己强势的前提下保持柔弱的姿态；在保持高洁品德的前提下不断自我检查；在得到荣耀之时安守屈辱。只有守住柔弱，居于下游才不会失德，才能安然处事。

《道德经》(节选二十一)

将欲取①天下而为②之，吾见其不得已③。天下神器④，不可为也，不可执⑤也。为者败⑥之，执者失⑦之。

故物或行或随，或歔⑧或吹⑨，或强⑩或赢⑪，或载⑫或隳⑬。是以圣人去甚⑭，去奢⑮，去泰⑯。

注释·链接

①取：治理。

②为：指有所作为，治理天下成功。

③不得已：不会达到目的。

④天下神器：天下是神圣的东西。

⑤执：把持。

⑥败：搞乱、搞坏。

⑦失：失去。

⑧歔(xū)：同"嘘"。吐气舒缓而温热。

⑨吹：出气急。

⑩强：强壮。

⑪羸(léi):衰弱。

⑫载:成就。

⑬隳(huī):毁坏。

⑭甚:极端的。

⑮奢:奢侈的。

⑯泰:过分的、过度的。

诵读指导

　　有人想要用强力治理天下并取得成功,我看他是不能达到目的的。天下是个神圣的东西,不可以用强力来掌握它。如果想强力作为,就会把事情搞糟;如果用强力来掌控它,就会失去它。

　　所以,事物有的走在前面,有的跟随在后面;有的缓和,有的急迫;有的强大,有的软弱;有的有所成就、有的损毁失败。因此,圣人要去掉那些极端的、奢侈的、过分的东西。

　　治理天下,勉强作为是行不通的,反而会适得其反。世间万物千变万化,各自有不同的状态和性质,不能随自己的意志去盲目治理,应该去除极端的思维,去除私心和奢侈的作风,去除过分的举措,顺应自然,无为而治。

《道德经》(节选二十二)

　　道常无名①,朴②。虽小,天下莫能臣③。侯王若能守之,万物将自宾④。

　　天地相合,以降甘露,民莫之令而自均⑤。

　　始制有名⑥。名亦既有,夫亦将知止⑦,知止可以不殆⑧。譬道之在天下,犹川谷之于江海⑨。

注释·链接

①道常无名:"道"永远是没有名字的。

②朴:质朴。

③天下莫能臣:天下没有能使它服从的。

④自宾:自己服从于"道"。宾,服从。

⑤民莫之令而自均:百姓没有去命令它,它却自然均匀。

⑥始制有名:万物出现后,才产生了各种名称。

⑦止:止境、界限。

⑧不殆:没有危险。

⑨譬道之在天下,犹川谷之于江海:道对于天下的关系,正如江海对于川谷的关系一样。

　　"道"永远没有名字,是质朴的。它虽然精微,天下却没有谁能使它服从。王侯如果能坚守它,万物将会自动地服从。

　　天地之间,阴阳之气相合,就降下甘露;人们没有命令它,它却自然均匀。

　　万物出现后,就产生了各种名称。各种名称既然已经产生了,就要知道适可而止。知道适可而止,就可以避免危险。道对于天下的关系,正如江海对于川谷的关系一样。

　　"道"无名而质朴,无形而无边,没有谁能使它臣服。君王如想使天下太平安康,必须遵循于"道"。君王无为而治,百姓就会安守本分,自得其乐。道对于天下,正如同川谷对于江海。这正是老子为解释"道"而做出的生动的比喻。

《道德经》(节选二十三)

大道①废,有仁义;智慧出,有大伪;六亲②不和,有孝慈;国家昏乱,有忠臣。

注释·链接

①大道:这里指的是老子理想社会的最高原则。
②六亲:父、子、兄、弟、夫、妻,这里指家庭关系。

诵读指导

社会的公正被废弃了,才会提倡仁义;智慧出现,才产生虚伪狡诈;家庭不和睦,才会存在孝顺和慈爱;国家陷于混乱,才会出现忠臣。

老子认为废弃公正与提倡仁义、聪明才智与虚伪狡诈、亲人的不和与慈孝、国家混乱与忠臣护国都是辩证存在的。他揭示了社会的现状与矛盾,给人们以深刻的启示。

《道德经》(节选二十四)

知^①人者智,自知者明^②。

胜人者有力,自胜者强^③。

知足者富。强行^④者有志。不失其所^⑤者久。死而不亡^⑥者寿。

注释·链接

①知:知道、了解。

②明:高明、聪明。

③强:刚强。

④强行:顽强坚持。

⑤所:所在、处所。

⑥死而不亡:身体已经死亡,但其精神依然不死。

116

诵读指导

老子告诉人们,认识他人是一种智慧,然而认识自己才算聪明。战胜他人或许并不困难,然而战胜自己才是最大的胜利。一个人要知足才能常乐,要坚定信念而不失去根本。生命是有限的,人的精神却可以永存,精神对于一个人来说,才是最大的财富。

《道德经》(节选二十五)

执大象①，天下往②。往而不害③，安平泰④。

乐⑤与饵⑥，过客止⑦。道之出口⑧，淡乎其无味⑨，视之不足见⑩，听之不足闻⑪，用之不足既⑫。

注释·链接

①执大象：执守大道。象，即"道"。

②天下往：天下的百姓都来投靠。往，归往、投靠。

③往而不害：归往而不互相伤害。

④安平泰：平安康泰。安，则、就。

⑤乐：音乐。

⑥饵：美味佳肴。

⑦止：使……停住不走。

⑧道之出口：道用言语表达出来。

⑨味：味道。

⑩见：看见。

⑪闻：听见。

⑫既：尽，完。

　　执掌着大道,则天下的人都会来投靠。大家都来投靠却不会互相伤害,于是大家都平安安泰。

　　音乐和美食,能使得过往的行人停下脚步。而"道"用言语表达出来,就平淡得没有味道。看它,看不见;听它,又听不到;用它,却用不完。

　　老子在此论述了"道"的性质和功能。"道"使百姓归顺、平和、安宁。它虽平淡无味、无形无声,却永不停止、永不消失。"道"看似平凡实则伟大,而这伟大正由平凡而生,老子"无为而治"的思想观念再次显现了出来。

《道德经》(节选二十六)

将欲歙①之,必固张②之;将欲弱③之,必固强④之;将欲废⑤之,必固兴⑥之;将欲夺⑦之,必固与⑧之。是谓微明⑨。

柔弱胜刚强。鱼不可脱⑩于渊⑪,国之利器⑫不可以示人。

注释·链接

①歙(xī):收敛。

②张:扩张。

③弱:削弱。

④强:使……强。

⑤废:废弃。

⑥兴:兴起、兴举。

⑦夺:夺取。

⑧与:给。

⑨微明:幽微而又明显。

⑩脱:离开。

⑪渊:深渊。

⑫利器:指权谋。

　　将要收敛它,必定先使它扩张;将要削弱它,必定先使它强盛;将要废弃它,必定先使它兴起;将要夺取它,必定先给予它。这就叫作幽微而又明显的道理。

　　柔弱胜过刚强。鱼不能离开深渊,治国的权谋不能随便向别人炫耀。

　　老子在此继续论述了以柔克刚、无为而治的治国思想。老子认为,不管是为人处世还是治理国家都必须守柔、谦让和无私,即使权利再大也不可张扬炫耀,凡事必须遵循自然规律,物极必反。

《道德经》(节选二十七)

道常无为①而无不为②,侯王若能守之,万物将自化③。化而欲作④,吾将镇⑤之以⑥无名⑦之朴⑧。镇之以无名之朴,夫亦将不欲⑨。不欲以静⑩,天下将自正⑪。

注释·链接

①无为:顺其自然而不妄为。

②无不为:没有一件事不是它所做的,这正是"无为"产生的结果。

③自化:自己成长变化。

④化而欲作:自我生长,而有私欲产生。

⑤镇:压制、镇服。

⑥以:用。

⑦无名:指道。

⑧朴:质朴。

⑨欲:私欲。

⑩静:宁静。

⑪自正:自然安定。

　　道之动静是极其自然的,它的作用是没有痕迹的,但是没有什么事情不是它所作为的。王侯如果能坚守它,万物就会自然生长。生长变化到产生私欲时,我将用"道"的质朴来安定他们。用"道"的质朴来安定他们,就不会产生私欲了。没有私欲就可以得到宁静,天下自然会太平安定。

《道德经》的影响

《道德经》是一部历朝历代学者已经研究了两千多年的皇皇巨著。其内容涉及哲学、文学、美学、医学、军事学、社会学、伦理学、天文学、养生学、管理学等方面,被誉为"万经之王""百科全书"。其内容博大精深、玄奥无极、括囊百家、包容万物,被后人奉为治国、治家、治学、修身的宝典。《道德经》不但影响了中国几千年的思想史,而且也受到西方思想家的重视,成为世界哲学宝典之一。

《道德经》讲的是宇宙和自然的规律,也可以称作是人类的自然观和世界观。对于我们人类而言,只有认识这些规律,顺从而不违背这些规律,适应这些规律,利用这些规律,才能获得真正意义上的成功。一旦我们人类违背了大自然的规律,那么我们一定会遭到残酷的惩罚,甚至会带来灭顶之灾。

当前,世界出现"老子热""大道热",这并不是出于偶然,而是老子道德文化真理光辉的现实再现。老子的《道德经》现已风靡全球。据调查,在德国,几乎每个家庭都常备一本德文版《道德经》;在日本,《道德经》已成为企业管理者的案头藏书,用以指导自己企业的经营和管理。

　　《道德经》对人与自然的和谐关系、为人处世的自然态度、德性培养的修养方法，对弥补西方文明中的精神失落和强权意识等，都具有非常积极和现实的作用。

　　一位研究中国古典文化的美国学者，在读了《道德经》一书后曾无比崇拜地感叹道："老子的智慧是人类的智慧。"

诵读评价

评价内容

本册收录的所有作品。

评价类别

星级评价:由低到高依次为:三星级银星、四星级金星、五星级钻石星。

评价标准

❀银星:达标(还需努力哦!)

得星指数:☆☆☆

要求:书中必背古诗和《大学》《中庸》任意抽背,基本会背诵;《世说新语》《庄子》和《道德经》节选能熟练、不出错地朗读。

❀金星:良好(过关啦!)

得星指数:☆☆☆☆

要求:书中必背古诗和《大学》《中庸》任意抽背,熟练过关,达到正确无误。《世说新语》《庄子》和《道德经》部分会背诵,在诵读中能体验情感,初步领悟内容。

❀钻石星:优秀(棒极啦!)

得星指数:☆☆☆☆☆

要求:书中必背古诗和《大学》《中庸》《世说新语》

《庄子》《道德经》能做到有感情、正确无误地熟练背诵，并能通过诗文的声调、节奏等品味出作品的内容和情感。

✿附加星：根据情况加3~5颗星。

1.语言流畅、普通话标准，吐字清晰，语速得当，抑扬顿挫，语感准确，能正确把握诵读内容内涵，声情并茂，朗诵富有韵味和表现力。

2.成果参评，既可从提供目录中选择，又可以是课外的，形式也不限，如：配乐朗诵、表演、诗配画作品、展示平日诵读本的积累等。

诵读比赛评比

有条件的班级或学校可以举办诵读比赛评比活动。比赛可采取学生自我评价、同学之间打分评价、老师和家长共同点赞等多种形式。诵读比赛获奖者分三个等级：诵读达标手、诵读小能手、诵读小明星。